AF310555

LA VIE OU LA MORT

CONSTITUTION RÉPUBLICAINE

ou

MONARCHIQUE LIBÉRALE

PAR

M. ANDRÉ DE BELLECOMBE

PRÉSIDENT DE L'INSTITUT HISTORIQUE DE FRANCE (1re CLASSE)
ET AUTEUR DE L'HISTOIRE UNIVERSELLE ;
MEMBRE DE LA SOCIÉTÉ DES GENS DE LETTRES
ET DE LA COMMISSION SCIENTIFIQUE INTERNATIONALE
DE L'EXPOSITION UNIVERSELLE DE 1867, ETC.

Dédié à MM. les Députés et à MM. les Journalistes.

Prix : 60 centimes.

PARIS

DENTU, LIBRAIRE DE LA SOCIÉTÉ DES GENS DE LETTRES

GALERIES DU PALAIS-ROYAL.

—

AOUT 1871

LA VIE OU LA MORT

La vie ou la mort, la perte ou le salut, c'est en effet la question du moment.

Poussée inconsidérément en avant par les utopistes ou les gens à idées et à théories, la France a touché l'abîme du pied et a failli s'y engloutir à jamais.

Persistera-t-elle à marcher dans la fausse voie où elle s'est engagée à la suite des rêveurs ou des prétendus libres penseurs qui l'ont entraînée sérieusement ou mal habilement à sa ruine?

Ou bien profitera-t-elle des graves et cruelles leçons que l'expérience des faits accomplis vient de lui donner?

Tout dépend maintenant des nouveaux hommes d'État qu'elle a placés volontairement à sa tête, et des pilotes capables ou non à qui elle vient de confier le gouvernail si difficile à manier de ses intérêts et de ses destinées!

Or, les nouveaux élus de la nation comprendront-ils leur mission providentielle, et cette mission comprise et bien définie, l'accompliront-ils avec toute l'énergie que demande la situation et sans reculer d'un seul pas dans l'arène?

L'avenir nous l'apprendra bientôt.

Il nous a paru toutefois utile et nécessaire, dans l'état de choses où nous nous trouvons, d'exposer librement et carrément nos idées personnelles, au risque d'encourir le blâme de nos anciens amis et d'attirer sur notre tête les anathèmes plus ou moins omnipotents des dictateurs de la presse, de la plume et de l'opinion qui se sont arrogé exclusivement le droit de penser et d'écrire pour les autres, et qui, tout en prêchant pour la forme le droit de liberté individuelle, s'étonnent naïvement que l'on puisse penser, parler et écrire autrement que par eux et pour eux. Le devoir d'un vrai citoyen est aujourd'hui de combattre, sans s'inquiéter de son isolement et de sa solitude, et d'invoquer loyalement la confiance publique, sans en rechercher les faveurs ou la vaine et éphémère popularité.

Eh bien, ce devoir, je n'y faillirai point.

Je ne suis pas de ceux qui veulent reculer de plusieurs siècles et ramener la France sous la bannière par trop despotique et autocratique de la monarchie absolue et de la féodalité.

Mais je ne suis pas non plus de ceux qui veulent escompter et devancer l'avenir, sous le prétexte fallacieux du progrès et de la civilisation, et lâcher la bride à toutes les passions, à tous les vices et à toutes les infamies, toujours sous la bannière trompeuse de l'égalité, de la fraternité et de l'humanité.

Je trouve que la France n'a que trop marché depuis quelques années, et qu'elle a fait ample litière de tout frein, de toute retenue, de toute croyance et de toute loi.

J'ajouterai même : je trouve qu'elle a *horriblement* mal marché.

Quelques années d'arrêt, de repos et de stabilité ne seraient donc, d'après moi, nullement à dédaigner et à mépriser pour un peuple essentiellement superficiel et mobile, que des esprits très-élevés sans doute, mais tout aussi mobiles, légers et superficiels, ont ébranlé sur sa base et ont précipité en aveugle, par un courant fatal et presque irrésistible, dans le gouffre destructeur du doute, du vague et de l'inconnu.

Que la France s'arrête donc un instant et qu'elle se regarde elle-même, et elle reculera effrayée et épouvantée devant les déceptions navrantes amenées et enfantées par la division et la multiplicité des partis qui l'exploitent hautement et cyniquement, devant le vide immense qu'elle a recueilli des révolutions insensées et sans but qui l'ont jetée dans les bras de deux républiques incapables et inintelligentes, et dans ceux d'un empire égoïste, personnel, pusillanime, impuissant et essentiellement rongeur et corrupteur.

Elle avait naguère des lois justes et modérées, mais fortes et répressives à la fois; une foi religieuse, éclairée, raisonnée et pleine de douceur, d'espoir et de consolations.

Les deux dernières républiques et l'empire lui ont tout enlevé : lois protectrices, mœurs et religion, il ne lui est resté en échange que le culte de l'argent et de l'intérêt, qui a tué chez elle l'abnégation, le dévouement, le travail, et glacé son courage et son patriotisme.

Attaquée et menacée par l'étranger, elle a vu l'invasion pénétrer pas à pas et s'enraciner dans son sein, sans savoir et sans pouvoir l'arrêter ou la conjurer; forte, puissante, florissante et prospère en apparence, elle s'est trouvée tout à coup sans direction, sans force et sans énergie, livrée et abandonnée par des hommes politiques sans vrai génie et sans résolution, et des généraux sans valeur ou sans caractère et sans persévérance.

Les causes de cette catastrophe subite et retentissante sont cependant faciles à deviner ; les cataclysmes violents, comme ceux du 2 décembre et du 4 septembre, n'improvisent pas les grands hommes et les hommes d'État, alors surtout qu'ils ne sont guidés par aucun plan, par aucune méthode, par aucune direction d'ensemble prévue et concertée à l'avance.

Il est évident que la France, dans l'état de désordre et de dissolution où elle se trouve aujourd'hui, ne peut être sauvée et régénérée que par un bon plan de conduite à venir, c'est-à-dire par une constitution ferme, virile et saine.

Or, cette constitution ne saurait être, aux yeux de beaucoup, que républicaine ou monarchique libérale (1), ce qui revient à peu près au même, sauf le titre et le nom à changer.

Mais, entre ces deux noms ou ces deux titres, pas de nouvelles nuances, pas de couleurs mixtes, pas de drapeaux de transaction, de convention, de fusion ou de conciliation.

Il est évident qu'il ne peut exister qu'une seule et vraie république, la république de l'égalité et de la fraternité humaines, basée sur une liberté honnête et raisonnable, et secondée par les trois développements successifs de l'amélioration physique, de la consolidation morale et du progrès intellectuel de la société en général et de l'individu en particulier.

Je ne comprends ni la république sociale, ni la république démocratique, ni la république communiste, ni la république phalanstérienne, ni la république dite internationale qui a produit tant de crimes et d'aussi odieux résultats.

Je définis ainsi le mot de république : le gouvernement des hommes par les *lois* et non par des *rois*.

Il ne peut exister non plus, à mes yeux, qu'une seule sorte de monarchie libérale ou constitutionnelle, qui n'est en réalité qu'une république transitoire devant être *honorifiquement* représentée, d'après mes idées, par un roi ou par un chef d'État.

On se passionne beaucoup, et à tort, toujours selon mon

(1) Je me réserve ici naturellement le droit de traiter séparément de la monarchie légitime et radicale, qui a de grands inconvénients sans doute, mais qui offre par contre des avantages réels et importants. Je ne me place ici qu'au point de vue purement républicain et constitutionnel.

opinion, de ces titres de chef d'État, de roi constitutionnel, de chef du pouvoir exécutif ou de président de la république. C'est une grave erreur, en effet, que d'attacher à ces dénominations diverses plus d'importance qu'elles ne méritent; c'est une faute capitale que de vouloir faire consister la force et la durée d'un gouvernement dans l'homme ou dans l'individu qui ne devrait être chargé que de le présider.

La direction d'un État libre, ou républicain ou monarchique constitutionnel, ne devrait pas sortir en effet de la chambre ou de l'assemblée nationale qui représente seule le pays et les intérêts du pays. A l'assemblée souveraine seule doit incomber l'autorité, l'énergie, l'initiative, la vitalité; le rôle d'un chef d'État ou de président de gouvernement devrait être tout simplement secondaire, passif et docile; exécutif seulement en tant que figurant l'expression de la volonté populaire représentée par ses commettants et pas ses délégués.

Que l'on me permette de faire ici l'esquisse, sinon le portrait achevé et complet d'un chef de l'État, roi, président ou monarque, tel que je l'entends et que je le comprends :

Un homme de cinquante à soixante ans environ, assez âgé par conséquent pour être respecté et considéré, pas assez pour être caduc et imbécile, étranger à toute ambition personnelle et à toute fougue entraînante, imprudente et compromettante, probe et désintéressé, peu chargé de famille, dégagé de tout entourage absorbant ou avilissant, modeste et doux, accessible à tous, réservé dans ses mœurs et dans sa conduite, capable de présider avec convenance et dignité dans les occasions solennelles, recevant courtoisement mais sans faste et sans ostentation, en état de parler en public sans être le moins du monde orateur et sans viser à l'effet, doué de plus de bon sens que d'imagination, ayant du cœur, de l'honneur et de la conscience, dévoué au pays, reconnaissant de la haute position où il se trouve élevé, incapable d'attenter aux droits de tous et de porter atteinte à la souveraineté du pays et à la constitution nationale, acceptée et ratifiée par le suffrage universel !

Tel est l'homme que je voudrais voir placé à la tête de la nation française; tel est le citoyen que j'arracherai volontiers à sa charrue, comme le Cincinnatus romain, ou que j'irai chercher dans son champ, dans sa cabane ou dans son atelier comme l'Abdalonyme de Sidon, pour l'investir de la mission glorieuse et honorable, mais limitée, comme je l'ai dit, de présider au maintien des lois de l'État, de la religion reconnue et de la stabilité et de la sécurité du pays.

A la chambre ou à l'assemblée nationale telle que je la comprends et que je la désire, resteraient dévolus la direction, l'énergie, le mouvement, l'activité et la vitalité des intérêts nationaux, c'est-à-dire la nomination ou la révocation des ministres et des conseillers d'État, la répartition des impôts, le droit de paix ou de guerre, d'alliance ou de commerce, d'annulation, de modification, de révision ou de création des lois passées, présentes ou à avenir.

C'est en vertu de ces principes fondamentaux et régulateurs que j'exposerai brièvement et succinctement le programme constitutionnel qu'on va lire, presque entièrement neuf et original, et que je le soumettrai franchement et hautement à la sanction de mes concitoyens, avec la seule et simple autorité d'un homme qui a beaucoup lu, beaucoup travaillé et consciencieusement étudié, jusqu'à ce qu'il surgisse un nouveau plan constitutionnel plus complet, plus étendu et plus convenable aux besoins généraux et actuels du peuple ou de la nation.

Je terminerai ce court avant-propos par les simples lignes suivantes :

Il importe et il est essentiel d'arracher au plus tôt notre malheureuse patrie de cette ornière fatale et désespérante où l'ont précipitée, comme je l'ai déjà dit, si fatalement les hommes, les choses et les événements.

Il importe qu'un programme constitutionnel et régulateur soit au plus tôt élaboré et mis aux voix, adopté par la chambre et soumis à la sanction définitive du pays.

Il importe que le pays tout entier, plongé dans l'indécision, la torpeur et l'anarchie qui paralysent toutes ses aspirations et toutes ses facultés, soit au plus vite consulté et mis en demeure de se prononcer et de se décider.

Il importe, et cette question est d'une urgence facile à comprendre et à concevoir, que le peuple, dont on invoque toujours l'autorité souveraine en théorie sans l'accepter en pratique et en exécution, il importe, disons-nous, que le peuple que l'on a mis complétement à l'écart depuis plus d'un an, devienne enfin l'arbitre sérieux de sa vie et de ses destinées, et rende définitivement son verdict sans appel au sujet de cette question si utile, si intéressante et si légitime pour lui : la république ou la monarchie constitutionnelle (1).

(1) Le lecteur pourra voir dans le plan de ma constitution le peu de différence sensible qui existe entre la république telle que je l'entends et la monarchie constitutionnelle.

Que la voix souveraine du peuple soit donc mise en mesure de se faire entendre et de se faire écouter, et que chaque bon citoyen s'incline devant l'expression de la volonté nationale et fasse taire ses prédilections privées et ses sympathies personnelles, pour ne songer uniquement qu'à une seule chose et qu'à un seul but : la régénération ou la résurrection de la France!

De cette prompte et radicale décision dépend le salut et la vie de la nation et de la vérité.

De la prolongation de cette vie d'indécision, d'hésitation et d'incertitude découleront forcément la décadence morale physique et intellectuelle du pays, sa décrépitude anticipée, sa dissolution et sa mort!

PROJET CONSTITUTIF SOMMAIRE

D'UNE

RÉPUBLIQUE

OU D'UN

GOUVERNEMENT MONARCHIQUE LIBÉRAL

CHAPITRE PREMIER.

DE LA DIRECTION ADMINISTRATIVE ET SUPÉRIEURE DE L'ÉTAT.

I. — *Du chef de l'Etat et de ses attributions*.

(Sens républicain.)	*(Sens monarchique libéral.)*
1. La république française est placée sous la direction d'un président élu par l'Assemblée nationale et choisi dans son sein. Le président prendra le titre de président de la nation ou de la république. 2. Le président de la nation ou de la république, dont les pouvoirs sont limités à trois ans, ne pourra être réélu qu'après un pareil intervalle de trois années.	La France est placée sous la direction d'un roi, élu par la nation, en vertu du principe du suffrage universel. Le roi prendra le titre de roi constitutionnel des Français. Le roi constitutionnel des Français, dont les pouvoirs sont limités à dix ans, pourra être indéfiniment rééligible après l'expiration de ces dix années d'exercice. Dans aucun cas le titre de roi n'est ni transmissible ni héréditaire.

Sens républicain et monarchique libéral à la fois.

3. Le président de la nation ou le roi constitutionnel élu n'aura aucune initiative pour la présentation des projets de lois réservés uniquement aux ministres, aux conseillers d'État ou aux membres de l'assemblée nationale.

4. Le président de la nation ou le roi constitutionnel préside le conseil des ministres, où il a voix consultative et délibérative ; il reçoit les ambassadeurs et les ministres plénipotentiaires français et étrangers ; il préside l'ouverture des sessions législatives ; il convoque les chambres et les comices

électoraux ; il résume dans un message tous les actes, les travaux et les opérations de l'année ; il sanctionne et promulgue toutes les lois ; il signe et consacre les nominations de tous les employés supérieurs civils ou militaires de l'État ; il est chargé de l'exécution de tous les décrets et de toutes les ordonnances ; il ratifie tous les traités de paix, de commerce et d'alliance avec les pays étrangers ; il approuve les mutations, les concessions ou les annexions de territoire ; il contre-signe les déclarations de guerre, toujours après le vote approbatif préalable de l'assemblée nationale, etc.

5. Le président de la nation ou le roi constitutionnel n'est nullement responsable de ses actes et de sa conduite, s'il se concentre dans l'exercice légal de ses fonctions, et ne saurait être poursuivi en cas d'infraction ou d'illégalité que devant l'assemblée souveraine du pays, et en vertu d'un ordre de la même assemblée.

6. Le traitement du président de la nation ou du roi constitutionnel est fixé à la somme annuelle de. . . . . . .

(Sens républicain.)	*(Sens monarchique libéral.)*
7. Il sera adjoint, pour le service du président de la nation ou de la république, un personnel purement civil d'employés ou d'attachés, dont les attributions seront réglées et délimitées par une commission prise dans le sein de l'assemblée nationale. Toutefois, par mesure purement honorifique, le président de la nation pourra se faire accompagner dans ses voyages ou dans les occasions solennelles par deux officiers d'ordonnance à cheval, pris dans l'état-major général de l'armée.	L'ancienne cour royale avec ses chambellans et ses grands chambellans, ses veneurs et ses grands veneurs, ses écuyers et ses grands écuyers, ses maîtres de cérémonies, etc., demeure supprimée de plein droit. Il sera alloué toutefois au roi constitutionnel une maison civile et un personnel militaire convenables à son rang et à sa dignité. Les palais de *** et de *** seront mis à la disposition du roi constitutionnel, pendant la durée de ses fonctions, mais demeurent toujours la propriété inviolable de la nation.
8. Un logement convenable à son rang sera assigné au président de la nation ou de la république.	

Sens républicain ou monarchique constitutionnel à la fois.

9. Il y aura, si l'assemblée nationale le juge convenable, un ou deux vice-présidents de la république, ou vice-rois constitutionnels, chargés de suppléer le président ou le roi dans

l'exercice de leurs hautes fonctions en cas d'impossibilité physique ou de maladie. Le traitement de ces vice-présidents ou de ces vice-rois ne sera exigible que pendant la durée de leurs fonctions actives seulement. Ces vice-présidents ou vice-rois temporaires seront, en outre, élus par l'assemblée nationale, à la majorité absolue des suffrages.

II. — *Des ministres et de leurs attributions.*

(Sens républiain et monarchique libéral à la fois.)

10. Les ministres de la république ou de la monarchie constitutionnelle seront au nombre de douze, ainsi répartis :
1. Le ministre de la justice.
2. Le ministre de l'intérieur.
3. Le ministre du commerce et de l'industrie.
4. Le ministre de l'agriculture et des travaux publics.
5. Le ministre des finances.
6. Le ministre des cultes.
7. Le ministre des affaires étrangères.
8. Le ministre de la guerre.
9. Le ministre de la marine et des colonies.
10. Le ministre des sciences, des lettres et des beaux-arts, ou de l'instruction publique.
11. Le ministre de la discipline, des bonnes mœurs ou de la morale publique, ayant dans ses attributions la répression du luxe, de la mendicité, de la débauche et de l'ivrognerie, et la censure des cafés, des concerts, des théâtres et autres lieux publics. (Ne pas confondre ce ministère avec la direction générale de la police, qui serait conservée surtout dans ses attributions criminelles, etc.)
12. Le ministre des récompenses ou des encouragements, chargé spécialement de l'examen de tous les projets d'invention ou d'amélioration, de toutes les idées susceptibles d'être propagées ou appliquées, et de proposer des distinctions ou des primes pécuniaires ou honorifiques aux savants, aux littérateurs, aux artistes modestes et laborieux, dont la persévérance, les efforts et les travaux méritent d'être publiés et signalés à l'attention de tous.

11. Les ministres n'ont pas de président du conseil, étant présidés de droit par le président de la république ou le roi constitutionnel. En cas de maladie grave ou d'impossibilité matérielle de la part de ce dernier, le président de la répu-

blique ou le roi constitutionnel pourra sur sa désignation officielle, se faire remplacer par l'un des vice-présidents de la république ou des vice-rois constitutionnels, toujours avec l'approbation spéciale de l'assemblée nationale.

12. Les ministres seront directement élus par l'assemblée nationale, qui pourra les élire dans son sein, ou hors de son sein s'il y a lieu, les révoquer ou les remplacer selon les circonstances, les accuser et les faire comparaître devant sa barre, et les faire déférer devant les tribunaux et les cours ordinaires, s'ils ont failli à leur devoir et à leur mandat.

13. Leur élection et leur révocation seront, pour la forme, soumises, comme tous les actes officiels émanant de l'assemblée souveraine, à la sanction du président de la république ou du roi constitutionnel, qui sera obligé de les valider dans un délai dont le maximum sera de cinq jours.

14. Les ministres réunis en conseil, et en relation directe et journalière avec l'assemblée, sont solidairement responsables de leurs actes communs devant la nation et ses représentants. Considérés comme chefs exécutifs du pouvoir dans leurs ministères respectifs, ils sont en outre, à ce dernier titre, personnellement et individuellement passibles et responsables de leurs actes privés.

15. Les ministres, pris tant individuellement qu'en corps administratif, possèdent, concurremment avec l'assemblée nationale, l'initiative des projets de lois qu'ils ont la faculté de rédiger et de soumettre à la sanction des représentants.

III. — *Des conseillers d'État et des maîtres de requêtes*, etc.

16. Les membres du conseil d'État seront conservés selon leurs anciennes attributions, c'est-à-dire avec l'initiative de certaines lois administratives, qu'ils pourront soutenir, avec l'adhésion du conseil des ministres, devant la chambre des députés ou des représentants.

17. Les membres du conseil d'État sont élus par l'assemblée nationale, mais hors de son sein, les fonctions de conseiller d'État étant incompatibles avec celles de représentant.

18. Les maîtres de requêtes et les auditeurs au conseil d'État seront réformés et reconstitués. Ils seront recrutés à l'avenir, par voie d'élection, dans les rangs d'une école spéciale administrative non encore créée et à organiser.

IV. — *Des ambassadeurs et des ministres plénipotentiaires dans les pays étrangers.*

19. Les ambassadeurs dans les pays étrangers seront exclusivement élus par l'assemblée nationale et pris dans son sein, le titre d'ambassadeur en pays étranger devant être porté spécialement par les représentants directs du peuple et de la nation.

20. Les ministres plénipotentiaires et les chargés d'affaires à l'étranger seront réformés et reconstitués. Ils seront recrutés à l'avenir, par voie d'élection, dans les rangs d'une école spéciale diplomatique à créer et à organiser.

V. — *De la chambre des représentants.*

21. Il ne saurait y avoir, dans un État républicain ou monarchique constitutionnel, qu'une seule chambre active et délibérante, c'est-à-dire l'assemblée nationale librement élue par le pays.

22. Les représentants seront élus, non par le suffrage universel direct, tel qu'il est appliqué aujourd'hui, et qui ne représente nullement les véritables besoins et les véritables aspirations du pays, mais par le suffrage universel à quatre degrés : la commune, le canton, l'arrondissement et enfin le département tout entier, qui, ainsi que nous l'expliquerons plus bas, constituent la seule voie possible pour arriver à des élections vraiment libres et parfaitement nationales.

23. Dans la chambre unique et spéciale des représentants sont concentrés tous les pouvoirs de l'État; en elle seule repose la base de la souveraineté nationale ; d'elle seule ressortent tous les pouvoirs civils, législatifs, militaires ou religieux.

24. Le président de la nation ou le roi constitutionnel, les ministres, les magistrats, le clergé, les généraux, les amiraux et tous les fonctionnaires de l'État, tous les citoyens de tout rang, de tout âge et de tout sexe, sans distinction, doivent une obéissance directe et immédiate à l'assemblée nationale, au nom de laquelle se rendront toutes les ordonnances, tous les décrets et toutes les lois.

25. Les députés seront élus pour cinq ans.

26. La chambre élue pour cinq ans ne saurait être prorogée, ajournée et dissoute pour aucun motif.

27. Elle sera permanente et toujours active, c'est-à-dire que dans l'intervalle de chaque session annuelle, ordinairement de quatre mois consécutifs, elle se perpétuera par une commission de quarante membres, désignés par la majorité des suffrages, toujours prêts à se réunir et à la convoquer en cas de danger ou de péril.

28. La convocation extraordinaire de la chambre, sur l'initiative des membres de la commission, s'opérera aussitôt et sans retard par l'intermédiaire du président ou du roi constitutionnel et du conseil des ministres.

29. Dans les sessions ordinaires elle sera convoquée par le même intermédiaire au jour et au mois convenus.

30. Un mois, au moins, avant l'expiration du mandat des représentants élus, le président ou le roi constitutionnel convoquera les comices électoraux (c'est-à-dire hiérarchiquement et selon les trois degrés pressentis), afin qu'il n'y ait pas de vacance et que l'assemblée puisse remettre et conférer ses pouvoirs près d'expirer à une nouvelle représentation nationale.

31. L'assemblée nationale élit son président, ses vice-présidents, ses questeurs et ses secrétaires à l'ouverture de chaque session; à elle seule appartient la nomination, par voie d'élection, des ministres, des conseillers d'État, des ambassadeurs, et, en temps de guerre, des commandants des troupes de terre et de mer; elle discute et tranche souverainement toutes les questions d'intérêt public et général, de paix ou de guerre, d'alliance ou de commerce, d'administration, de travaux publics; elle vote toutes les lois et tous les impôts, fixe les traitements de tous les fonctionnaires, décrète les mouvements ou les concentrations des flottes et des armées.

32. Toutes les séances de l'assemblée nationale sont publiques et accessibles à tout citoyen.

33. Il ne saurait y avoir d'inviolabilité privée dans tout État libre, républicain ou constitutionnel. L'assemblée nationale est inviolable en corps; mais le député ou l'individu ne l'est pas, et pourra être poursuivi, comme tout autre citoyen, pour des délits privés civils ou criminels, conformément aux lois ordinaires et sans autorisation de la chambre.

34. Il est facultatif à tout citoyen de présenter à la chambre, par l'intermédiaire d'un représentant, des pétitions ou des projets de lois.

35. Toute loi repoussée dans une session parlementaire ne pourra être représentée que cinq ans après son rejet.

36. L'impôt foncier ne sera consenti que pour une année seulement.

37. Le mandat de député ou de représentant devrait être, en principe, sans intérêt, sans traitement et sans rétribution. Toutefois, vu le dérangement occasionné par le déplacement des mandataires de la nation et par l'abandon momentané de leurs affaires privées pour les affaires publiques, il sera alloué à chaque membre de l'assemblée nationale un traitement fixe de 400 francs par mois, soit 4,800 francs par an.

38. Tout représentant du peuple nommé ministre ou ambassadeur, etc., et pourvu d'une fonction quelconque, ne pourra toucher qu'un seul traitement à la fois.

39. Toute loi discutée ne sera acceptée et légalisée qu'à la majorité absolue des voix.

40. Les fonctions de conseiller d'État, de maître des requêtes, de préfet de département ou de sous-préfet (*voir plus bas*), de président de cours ou de procureur général, de président de tribunal civil, et de procureur près les mêmes tribunaux, d'évêque ou d'archevêque, de gouverneur de colonies ou de commandant d'armées de terre et de mer en marche ou en évolution, sont incompatibles avec celles de représentant.

CHAPITRE II.

DROITS PUBLICS DES FRANÇAIS.

I. — *De l'égalité devant la loi, etc., charges et devoirs.*

41. Tous les Français sont égaux devant la loi.

42. Tous les citoyens sont admissibles à tous les emplois civils, militaires et religieux, par voie d'élection et selon la filière hiérarchique indiquée dans les chapitres suivants.

43. La religion catholique demeure la religion de l'État. Toutefois tous les cultes sont libres et indépendants, toutes les religions sont également protégées et respectées.

44. Les charges et les devoirs sont également partagés entre tous les citoyens, proportionnellement toutefois et en rapport avec les fortunes territoriales, les positions sociales et les revenus approximatifs de chaque individu.

45. La liberté individuelle est garantie à chaque citoyen, sauf les cas prévus et réservés par la loi, et selon les formes exigibles.

46. Le service militaire est applicable à chaque citoyen valide âgé de vingt ans, en vertu de cette maxime juste et égalitaire que tout citoyen doit être soldat. (Voy. plus bas *Armée*.)

47. L'application des lois nationales s'étendra sans restriction à toutes les colonies françaises présentes et à venir.

48. Le serment politique est et demeure aboli, l'observation et le respect de la Constitution sont confiés au patriotisme de l'assemblée nationale et au courage, à l'honneur et à la loyauté de tous les citoyens.

49. Tout citoyen valide sera compris dans les cadres de la garde nationale jusqu'à l'âge de cinquante ans révolus. Cet âge passé, le service sera facultatif et volontaire pour tous.

II. — *Du suffrage universel* (1).

50. Tout citoyen français, âgé de trente ans, jouissant de ses droits civiques et ayant satisfait à ses devoirs de soldat, est éligible dans tous les départements français, sans condition de résidence.

51. Tout citoyen français, âgé de vingt-cinq ans, jouissant de ses droits civiques et sachant lire et écrire, est électeur de plein droit dans la commune où il réside depuis plus de six mois.

52. Les étrangers naturalisés Français ne pourront jouir de leurs droits électoraux qu'après une résidence continuelle de dix ans sur le territoire national.

53. Ils ne pourront être élus députés ou représentants du peuple et pourvus d'aucune fonction publique salariée qu'après vingt ans de résidence fixe sur le territoire du pays.

54. Les fils d'étrangers naturalisés, nés sur le territoire français, sont considérés de droit comme citoyens français, participent à toutes les charges publiques comme ces derniers et sont aptes par conséquent comme eux à tous les emplois et à toutes les fonctions.

55. L'élection par voie de suffrage universel est reconnue comme un principe fondamental et élémentaire dans tout État républicain et constitutionnel. Les places, les fonctions

(1) Je suis loin d'être un partisan effréné, comme on pourrait le croire, du suffrage universel pour les élections générales, départementales, communales et administratives. Néanmoins, le suffrage universel, théoriquement parlant, est un principe sérieux républicain. Restent les difficultés de l'application que j'ai essayé d'aplanir de mon mieux.

et les honneurs, étant la propriétè nationale, devront être
accordés aux citoyens dont les talents, les mérites et les
qualités sont incontestables et reconnus par leurs pairs et
par leurs égaux.

56. En conséquence de ce principe égalitaire et franchement libéral, toutes les fonctions publiques, civiles, militaires, religieuses, universitaires, etc., sauf les hautes fonctions d'État réservées à l'Assemblée nationale, seront concé-
dées à l'avenir; dans chaque corps respectif, comme nous
l'expliquerons plus bas, par voie d'élection privée, et non
sur la désignation arbitraire et souvent corruptrice d'un
ministre indifférent ou partial, ou d'un simple chef de bureau
intrigant et adroit.

67. Considérant toutefois la difficulté de l'application
directe du suffrage universel en ce qui concerne les élections
à l'assemblée nationale, les plus importantes assurément
pour la sécurité et les intérêts du pays, il sera procédé à ces
élections par les quatre degrés qui suivent ascendants ou
descendants, la seule voie possible pour consacrer le principe de l'élection libre et populaire, au lieu de l'amoindrir,
de le fausser et de le détourner de sa route, comme on l'a
fait jusqu'ici.

68. Le vote préparatoire à la commune constitue le
premier degré. Le premier dimanche qui suivra la convocation officielle des comices électoraux, faite, comme on le
sait, environ un mois à l'avance du jour des élections gén é-
rales, les électeurs de chaque commune se réuniront dans
leur mairie et désigneront des délégués cantonaux (soit un
délégué par cinquante électeurs), pour s'entendre avec les
délégués des autres communes réunis au chef-lieu de canton.

69. Le vote préparatoire au canton, qui aura lieu le second
dimanche après la convocation des comices électoraux,
forme le deuxième degré. Les délégués cantonaux, réunis à
la mairie du chef-lieu cantonal, désignent pareillement des
délégués (deux par commune au moins) chargés de se rendre
au chef-lieu d'arrondissement ou de département.

70. Le vote préparatoire au chef-lieu d'arrondissement ou
de département (troisième dimanche après la convocation)
est le troisième degré de la filière électorale. On y arrête la
liste définitive des candidats, après les avoir entendus et dis-
cuté librement leur programme ou leurs intentions, en ayant
soin que la liste comprenne les noms de trois ou de deux
candidats au moins   que nomination à faire, afin de
laisser aux électe   que plein   et entière liberté.

71. Le quatrième dimanche enfin, c'est-à-dire le jour fixé pour l'ouverture des comices électorales, aura lieu dans toutes les communes le vote public, général et sérieusement libre et universel.

72. Les bulletins imprimés on non, dits bulletins de liste, seront sévèrement et rigoureusement défendus. Les noms des candidats recommandés seront simplement affichés dans les salles des mairies, et chaque électeur prendra librement sur ce tableau purement indicateur ceux qui lui seront le plus sympathiques.

73. Il sera expressément défendu aux journaux, de quelque nature et de quelque couleur qu'ils puissent être, de patronner en aucune façon leurs candidats privilégiés, et d'influencer en rien sur l'opinion par des articles dénonciateurs, hostiles ou calomniateurs. Leur mission pure et simple devra consister à l'enregistrement des candidatures et des professions de foi, sans aucune réflexion et sans aucun commentaire.

III. — *Principes inviolables de stabilité et réformes sommaires et capitales à signaler aux législateurs.*

74. Les propriétés foncières ou mobilières sont déclarées inviolables et sacrées, sauf les cas d'urgence et d'intérêt public prévus par la loi.

75. Le cumul des places et des fonctions salariées est expressément interdit; nul ne pourra toucher simultanément les émoluments de deux charges et de deux emplois.

76. En principe, la liberté la plus absolue est réservée à la presse, au journalisme et aux écrivains. Tout citoyen a donc la faculté de faire imprimer et distribuer ses idées et ses opinions en dehors de toute censure préalable, en se conformant néanmoins aux lois fiscales établies sur les publications.

77. Toutefois les journalistes et les écrivains de tout genre et de toute nature, qui auront publié sans réflexion ou avec mauvaise foi des nouvelles fausses, apocryphes et mensongères pouvant compromettre le salut public et la sûreté générale, ou porter atteinte à l'honneur et à la considération des particuliers, seront poursuivis conformément aux lois qui punissent les diffamations et les calomnies, punis par des amendes pécuniaires pour la première fois, et passibles d'interdiction ou d'emprisonnement en cas de récidive.

78. Les délits dits purement de presse et de politique

seront justifiables devant le jury seul ; les délits politiques à main armée seront jugés par les conseils de guerre compétents, et selon les formes et le régime militaires.

79. L'abolition de la peine de mort est maintenue pour cause politique seulement, sauf toutefois les cas d'homicide ou d'incendie commis à la suite d'une émeute ou d'une insurrection.

80. La peine capitale est maintenue pour les crimes ordinaires ou particuliers prévus par la loi ; l'exécution se faisant à huis clos et en présence seulement de quatre témoins civils réclamés au nom de la justice et de la loi.

81. Les vœux et les serments ecclésiastiques sont nuls et prohibés aux yeux de la loi.

82. Le divorce est reconnu comme loi, mais il devra être appliqué avec discernement et circonspection, et expressément interdit en cas de récidive.

83. L'enseignement est gratuit dans les cas prévus, mais jamais obligatoire ; il est essentiellement libre et facultatif. L'instruction crée en effet des besoins nouveaux à l'homme, sans lui fournir des ressources suffisantes à son existence ; et l'instruction incomplète et mal dirigée, comme elle l'est le plus souvent, n'est qu'un fardeau de plus pour l'individu, et une plaie sérieuse pour la société, qui n'en a déjà que trop.

84. En revanche, la société doit à chacun de ses membres du pain, des vêtements et un abri. Les indigents et les malheureux reconnus comme tels seront donc à la charge de leurs communes respectives ou à celle de l'État, s'il y a lieu, dans le cas d'impuissance ou d'insuffisance de ces dernières. Par suite, la mendicité et le vagabondage, déjà condamnés de droit, seront abolis de fait dans tout le territoire national.

85. Le luxe, la débauche, la prostitution et l'ivrognerie, causes premières de la décadence des États et de la démoralisation des peuples, doivent être réprimés et punis par des lois mâles, fermes et essentiellement spartiates ou draconiennes.

86. Ou la domesticité est abolie en France, ou elle est conservée. Si on en reconnaît la nécessité, il est urgent de rétablir les anciennes lois qui régissaient les maîtres et les domestiques et de régulariser leurs rapports et leurs relations. Les exigences des domestiques livrés à eux-mêmes et ouvertement protégés par la loi constituent aujourd'hui une véritable anarchie dans chaque maison, qu'il faut s'empresser d'étouffer au plus vite. Si on se prononce pour l'extinction de la domesticité, que l'on en finisse au plus vite avec une

des plaies sociales les plus hideuses que l'on puisse et que l'on doive signaler.

87. Les rapports des ouvriers et des patrons, autre plaie sociale des plus graves et des plus désastreuses, doivent être réglés aussi sérieusement par les soins de l'État, qui doit veiller attentivement et consciencieusement à ce que l'ouvrier ne soit pas exploité par le *patron*, le patron par l'*ouvrier*. La question des salaires, celle de la durée de la journée de travail, etc., devraient être tranchées carrément par les soins du ministre du commerce et de l'industrie, plus spécialement chargé de cette mission. Les ouvriers paresseux ou vagabonds, qui fêtent non-seulement le dimanche, mais encore le lundi, le mardi et bon nombre d'autres jours de la semaine, devraient être immédiatement arrêtés et renvoyés chez eux. Les patrons qui imposent par suite des corvées extraordinaires à leurs ouvriers devraient être poursuivis et punis par de fortes amendes ou par des emprisonnements.

88. Les grèves ouvrières devraient être en outre sévèrement interdites.

89. L'État devrait veiller enfin à ce que les ouvriers des fabriques, écrasés pendant deux ou trois mois de travail, par suite de commandes insolites ou extraordinaires, par leurs patrons, ne soient pas rejetés ensuite sur le pavé sans ouvrage, souvent pour le restant de l'année, lorsque ces commandes sont remplies ou épuisées. En résumé, les chefs d'atelier ou de fabrique ne devraient employer qu'un certain nombre d'ouvriers assurés d'un travail constant et régulier pendant douze mois, et non enrôler ou recruter à leur bon plaisir, pour les congédier ensuite quand ils auront réussi dans leurs spéculations, des ouvriers nomades français ou étrangers que l'oisiveté, la débauche et l'irrégularité du travail jettent ensuite, forcément et fatalement, dans les voies de l'insurrection et des révolutions politiques.

90. Des encouragements sérieux et positifs devraient être donnés à l'agriculture considérée comme la base princilée de tout État libre ou indépendant jusqu'ici toujours immolée et toujours sacrifiée à l'industrie et au commerce, qui ne devraient pourtant marcher qu'au dernier rang.

91. Tout monopole doit être formellement interdit, tant aux compagnies et aux sociétés en commandite qu'aux simples particuliers. L'État seul peut monopoliser selon ses besoins et ses intérêts; les chemins de fer comme les tabacs, les douanes, les postes, etc., devraient appartenir à la nation.

92. Les traitements affectés aux grands fonctionnaires de l'État seront diminués dans des proportions sensibles et satisfaisantes.

93. Les offices publics et les fonctions publiques salariées seront réduites et diminuées.

94. La procédure sera simplifiée et les frais des procès civils et criminels réduits du tiers ou de la moitié.

95. Les lois existantes et le code civil demeurent en vigueur jusqu'à leur abrogation ou à leur modification par les chambres.

96. Dans un État libre et républicain le droit de grâce ou de commutation ne saurait appartenir à un individu, pas même au chef de l'État, si ce n'est à une commission de révision prise dans le sein de l'assemblée souveraine.

97. La bureaucratie immuable et quasi-inamovible des ministères et des départements sera épurée, modifiée et renouvelée par voie d'élection.

98. Les écoles polytechnique, de Saint-Cyr, de Saumur, l'école des beaux-arts, l'école de Rome, le conservatoire de musique, et généralement toutes les écoles privilégiées ou spéciales de l'État, sauf les écoles d'état-major, des mines, des ponts et chaussées et des arts et métiers, seront supprimées et abolies; les premières seront remplacées par des officiers instructeurs pour toutes les armes attachées à tous les régiments respectifs d'infanterie, d'artillerie, de génie ou de cavalerie.

99. La Légion d'honneur, si profanée et si prodiguée depuis plus de vingt ans, est supprimée et abolie, sous la réserve toutefois que les pensions affectées à cet ordre et réservées aux militaires seuls, seront conservées à leurs titulaires après vérification sérieuse de leurs services réels et acquis. Les décorations de Crimée, de Sainte-Hélène, d'Italie, etc., demeurent pareillement supprimées sous les mêmes réserves que la Légion d'honneur.

100. L'ordre de la Légion d'honneur sera remplacé par deux ordres nouveaux et distincts reconnaissables à des insignes extérieurs dissemblables et parfaitement ostensibles; à savoir : l'ordre civil de France et l'ordre militaire de France, affectés le premier à récompenser les fonctionnaires civils, les magistrats, les prêtres, les professeurs, les savants, les gens de lettres et les artistes, le second à récompenser les exploits et les faits d'armes accomplis sur terre et sur mer, sans égard et sans considération aucune pour les grades et l'ancienneté de service.

101. Ces décorations seront distribuées sur la proposition du ministre des récompenses et des encouragements assisté du conseil de l'ordre, d'après les notes et les indications fournies par les divers corps civils de l'État, les notabilités du clergé ou de l'université, les académies, les sociétés savantes et des gens de lettres, les associations d'artistes, et enfin les généraux en chef des armées de terre et de mer. Les noms des décorés seront publiés dans le *Journal officiel* de l'État; à côté des noms des titulaires figureront les motifs détaillés qui leur auront procuré cette distinction (1).

CHAPITRE III.

DE L'ADMINISTRATION INTÉRIEURE DE L'ÉTAT.

I. — *De la justice et de la magistrature.*

102. Toute justice émane de l'assemblée nationale, représentée par le ministre de la justice ou garde des sceaux de l'État, qui fait exécuter les arrêts et les ordonnances et contresigne et approuve les élections ou les promotions dans l'ordre de la magistrature.

103. Tous les magistrats, à quelque catégorie qu'ils appartiennent, sont amovibles et peuvent être remplacés ou destitués sur motifs connus et plausibles, l'inamovibilité privilégiée ne pouvant être admise en principe dans un État libre et républicain.

104. Tout magistrat coupable ou prévaricateur pourra donc être poursuivi conformément aux lois ordinaires, et selon les formes usitées, après avoir avisé préalablement le ministre de la justice qui ne pourra refuser l'autorisation de poursuite, justifiée par des motifs apparents ou réels.

105. Nul ne pourra être distrait de ses juges naturels; les tribunaux et les cours ordinaires pour les simples citoyens, les conseils de guerre et les tribunaux maritimes pour les soldats et pour les marins.

106. Tous les débats des cours et des tribunaux sont pu-

______

(1) Il est parfaitement inutile d'ajouter que les dignitaires et les membres de la Légion d'honneur pourront être compris dans les premières promotions des deux nouveaux ordres, en justifiant toutefois, comme les membres nouveaux, de leurs titres et de leurs services personnels.

blics sans aucune exception, sauf les enfants mineurs des deux sexes et n'ayant pas vingt et un ans accomplis qui pourront être exclus des salles d'audience dans les débats scabreux ou scandaleux.

107. L'institution des jurés est conservée comme par le passé. Toutefois, tout citoyen ne sachant ni lire ni écrire ne saurait exercer les fonctions de juré.

108. Toutes les fonctions judiciaires sont à l'avenir électives comme les autres fonctions publiques, les fonctionnaires de l'ordre inférieur choisissant les fonctionnaires de l'ordre supérieur.

Ainsi dans l'ordre hiérarchique de la magistrature propre,

Les conseillers de la cour de cassation nommeront leurs présidents (1);

Les présidents de cour nationale, les conseillers à la cour de cassation;

Les conseillers de cour ordinaire, les présidents de cour ;

Les membres des tribunaux de première instance, les conseillers de cour;

Les avocats, les membres des tribunaux de première instance et les juges de paix,

Dans l'ordre hiérarchique du parquet :

Le procureur général et les avocats généraux de la cour de cassation seraient nommés par les procureurs généraux de toutes les cours nationales;

Les procureurs généraux ordinaires par les avocats généraux;

Les avocats généraux par les procureurs des tribunaux de première instance;

Les procureurs et les substituts des tribunaux ordinaires par les avocats.

II. — *De l'administration départementale et communale.*

109. Les membres du conseil général de chaque département nommeront leur préfet, à la majorité absolue des suffrages, et présenteront cette nomination à la ratification du ministre de l'intérieur.

---

(1) Il n,y aura plus à l'avenir de premier président titulaire des cours, le doyen d'âge des présidents peut assurément remplir ces fonctions plus honorifiques que sérieuses. Je proposerai aussi de supprimer les substituts des procureurs généraux dans les cours d'appel, ces substituts n'étant en réalité que la doublure des avocats généraux.

110. Le préfet d'un département ne sera élu que pour trois ans, au bout desquels il peut être réélu.

111. Les membres du conseil de préfecture, nommés aussi par le conseil général, seront rééligibles tous les ans.

112. Les sous-préfets sont élus par les conseils d'arrondissement et rééligibles tous les deux ans.

113. Les membres du conseil général et du conseil d'arrondissement sont élus comme précédemment, et sont renouvelés par moitié tous les deux ans.

114. Les maires, les adjoints et les conseillers municipaux sont pareillement élus directement pour trois ans seulement par tous les électeurs inscrits de chaque commune.

III. — *Des finances.*

115. Les receveurs généraux payeurs des finances des départements seront élus par les receveurs particuliers d'arrondissement, avec l'approbation du ministre des finances;

Les receveurs particuliers d'arrondissement par les percepteurs;

Les percepteurs par les surnuméraires (les places d'inspecteurs généraux des finances, étant de véritables sinécures, demeurent supprimées de plein droit).

116. Il en sera de même dans les administrations des contributions directes, de l'enregistrement et des domaines, des douanes et des contributions indirectes des tabacs, des postes, des forêts, des monnaies, etc., ressortant du ministère des finances, dont les directeurs particuliers, les contrôleurs, les vérificateurs, les inspecteurs, etc., seront élus par les employés de la même administration du grade immédiatement au-dessous.

117. Les directeurs généraux de ces dernières administrations seront maintenus, mais élus à l'avenir conformément au même système électoral.

IV. — *Des cultes.*

118. Des réformes urgentes concernant la vénalité de l'Église et l'interdiction de tout trafic commercial aux prêtres et aux ministres des autels seront soumises à l'appréciation et à l'approbation de l'assemblée nationale. Nous demanderions

surtout pour l'avenir l'ordination des prêtres à l'âge de trente ans seulement, celle des diacres à vingt-cinq ans, et une augmentation suffisante de traitement pour les simples prêtres ou vicaires dont les rétributions sont vraiment insuffisantes à nos yeux.

119. L'enseignement des écoles chrétiennes est libre et facultatif. Toutefois il sera placé sous la surveillance spéciale du ministre des cultes, qui veillera sur la moralité et la bonne conduite des prêtres et des instituteurs ecclésiastiques.

120. Dans la hiérarchie ecclésiastique, les archevêques seraient nommés par les évêques, toujours avec la ratification officielle du ministre des cultes;

Les évêques par les chanoines de chaque diocèse et par les curés de chaque canton;

Les curés de canton par les curés ou recteurs de commune et tous les prêtres ordonnés, etc.

Il en est de même pour la hiérarchie des pasteurs ou ministres protestants, des rabbins ou des grands rabbins juifs, etc.

121. Les archevêques, les évêques, les curés, les pasteurs ou les rabbins appartenant à toutes les religions pourront être révoqués ou déposés pour cause de haute trahison, d'inconduite ou de simonie, et poursuivis devant les tribunaux ordinaires pour des crimes ou des délits privés.

122. Les corporations religieuses sont maintenues et autorisées, mais sous la surveillance du ministre des cultes et de l'assemblée nationale, qui pourra en ordonner, s'il y a lieu, la suspension ou la dissolution.

V. — *De l'armée.*

123. Le ministre de la guerre est le chef exécutif de l'armée, sous l'autorité de l'assemblée nationale et souveraine du pays.

124. La dignité de maréchal de France est abolie dans un État républicain. Toutefois les titulaires actuels pourront conserver, si l'assemblée le juge convenable, honorifiquement seulement, le titre qui leur a été concédé.

125. Les élections par ordre hiérarchique auront lieu comme suit en temps de paix :

Six généraux supérieurs, égaux entre eux et en autorité,

commandant six corps d'armée où six grandes divisions militaires, seront élus par les généraux de division ;

Les généraux de division, en nombre limité, par les généraux de brigade ;

Les généraux de brigade par les colonels de toutes les armes ;

Les colonels de chaque arme (c'est-à-dire infanterie, cavalerie, artillerie, génie, état-major, etc.), par les lieutenants-colonels de la même arme seulement ;

Les lieutenants-colonels par les chefs d'escadron ou de bataillon, majors, etc.

Les chefs d'escadron, de bataillon, ou majors, etc., par les capitaines ;

Les capitaines par les lieutenants ;

Les lieutenants par les sous-lieutenants ;

Les sous-officiers, maréchaux des logis, sergents, caporaux, etc., par les simples soldats du même bataillon ou de la même compagnie.

126. En temps de guerre, l'assemblée nationale pourra désigner, si elle le juge nécessaire, le général en chef de l'armée et les généraux des corps d'armée chargés de le seconder.

127. Il y aura une armée permanente composée de 200,000 soldats vétérans ou aguerris, et une armée mobile composée de tous les jeunes gens de vingt à vingt-deux ans valides et en état de porter les armes. En cas de danger, tous les citoyens mariés ou non, jusqu'à l'âge de quarante-cinq ans inclusivement, pourront être appelés sous les drapeaux.

128. Des capitaines ou lieutenants instructeurs seront attachés à tous les corps d'armée pour enseigner aux jeunes soldats les exercices des fantassins, le maniement du cheval et le service de la cavalerie, du génie et de l'artillerie.

VI. — *De la marine.*

129. Le ministre de la marine est à la fois le chef exécutif de la flotte et le directeur général des colonies, toujours sous l'autorité des représentants de la nation.

130. Le corps hiérarchique de la marine est représenté en temps de paix :

Par deux commandants en chef des divisions navales (le titre d'amiral de France étant supprimé pour les même motifs que celui de maréchal), ces deux commandants élus dans les temps ordinaires par les vice-amiraux, en temps de guerre par l'assemblée nationale ;

Les vice-amiraux élus par les contre-amiraux ;

Les contre-amiraux par les capitaines de vaisseau ;

Les capitaines de vaisseau par les capitaines de frégate, etc.

VII. — *Des sciences, des lettres et des arts.*

131. Le corps universitaire, les professeurs des facultés et des écoles libres, les instituteurs, les savants, les gens de lettres et les artistes relèvent directement du ministre des sciences, des lettres, des arts et de l'instruction publique.

132. Les élections dans le corps universitaire auront lieu suivant le mode indiqué :

Les inspecteurs généraux nommés par les recteurs, les recteurs par les inspecteurs secondaires et les proviseurs, les proviseurs par les professeurs, les instituteurs par le jury d'examen, etc.

Dans les facultés, les doyens par les professeurs, les professeurs par les agrégés, les agrégés par les licenciés, etc.

133. L'Institut de France, ainsi que la Légion d'honneur, a selon moi dévié complétement de sa route, et est devenu, sous certains rapports, plutôt une société d'affiliés, de camarades et d'amis qu'un véritable cénacle de notabilités littéraires, scientifiques et artistiques.

On a reproché avec raison à l'Académie française, spécialement réservée aux littérateurs et aux écrivains, d'être devenue une académie politique de ministres et d'hommes d'État, de toutes les couleurs et de toutes les nuances; à l'Académie des inscriptions et belles-lettres destinée aux érudits, aux grammairiens et aussi aux hommes de lettres, de s'être transformée en académie d'Allemands, d'étrangers, d'orientalistes et de paléographes plus ou moins utiles et plus ou moins sérieux; à l'Académie des sciences, bien dégénérée, d'adopter une filiation presque héréditaire et transmissible où les pères font entrer leurs fils, les beaux-pères leurs gendres, les oncles leurs neveux, et généralement tous les professeurs leurs élèves de prédilection ou leurs favoris; à l'Académie des beaux-arts d'éloigner longtemps de son sein tout talent novateur et original, et de se renfermer dans une routine fatale et exclusive qui compromet singulièrement l'avenir de la peinture, de la sculpture et de la gravure, dont les productions sont devenues très-médiocres depuis quelque temps, etc.

En considération de ces raisons majeures et concluantes, et malheureusement trop fondées, nous demanderions formellement qu'à l'avenir,

Les membres de l'Académie française fussent élus directement par les membres de la société des gens de lettres ou des littérateurs connus et signalés au public par leurs ouvrages et par leurs travaux ;

Les membres de l'Académie des inscriptions et belles-lettres, par les érudits et les savants véritables, disséminés en grand nombre, non-seulement dans l'école des chartes ou des langues orientales qui s'approprient exclusivement le privilége de combler les vides de la docte académie, mais encore dans les diverses sociétés d'ethnographie, de linguistique, de numismatique, d'histoire et d'archéologie, où s'étiolent souvent et s'éteignent dans une demi-obscurité des talents bien supérieurs et bien dignes d'être mis en lumière ;

Les membres de l'Académie des sciences morales et politiques, dont nous n'avons pas dit de mal parce qu'elle est encore trop jeune, trop forte et trop vigoureuse pour avoir failli et dévié comme ses devancières, ne pourraient-ils pas être nommés sans danger à l'aide d'élections plus générales et moins concentrées, où viendraient concourir franchement et loyalement toutes les notabilités du droit, de la législation, de la philosophie, de la théologie, de l'économie politique, de l'histoire et de la politique, selon les circonstances et les catégories, chacune des branches diverses de la haute littérature dont je viens de parler étant représentée parmi eux ? Ainsi dans les deux dernières académies, où les mathématiciens devraient être élus par les mathématiciens leurs confrères, les astronomes par les astronomes, les géographes par les géographes, les médecins par les médecins, les peintres par les peintres, les musiciens par les musiciens, etc., et non placés sous la direction ou à la suite des coteries et des sociétés de présentation, promus enfin à l'aide d'un vote assez inexplicable et assez excentrique ; un géomètre votant pour un naturaliste dont il ne peut connaître et apprécier les travaux, un navigateur pour un vétérinaire ou pour un introducteur de conserves économiques ; un héritier de Rubens pour un successeur de Mozart, et réciproquement un maestro ou un dilettante pour un peintre, pour un architecte, pour un graveur ou pour un sculpteur.

VIII. — *De l'agriculture, etc.*

134. L'agriculture, jusqu'ici parfaitement négligée en dépit des comices agricoles et des concours régionaux, et des fermes modèles et peut-être même à cause des fermes mo-dèles, des comices agricoles et des concours régionaux, pourrait être encouragée et relevée par les moyens sui-vants :

135. Abaissement ou dégrèvement des impôts pour la petite propriété territoriale.

136. Comices agricoles cantonaux tenus par les paysans eux-mêmes et les agriculteurs du canton pour récompenser par des médailles ou des primes pécuniaires, non le meilleur éleveur de bœufs, ou engraisseur de porcs du canton, mais les cultivateurs les plus honnêtes, les plus laborieux ou les plus nécessiteux.

137. Exonération du service militaire pour les cultiva-teurs. Je crois que la réduction du service à deux ans pour tous les citoyens français serait acceptée avec joie et recon-naissance par tous les habitants des campagnes.

138. Institution de tribunaux agricoles cantonaux pour juger les conflits entre les cultivateurs et trancher généra-lement toutes les questions agricoles.

139. Modifications dans les importations ou les exporta-tions des blés ou des céréales.

140. Décorations de l'ordre civil accordées enfin aux la-boureurs et aux cultivateurs.

141. Je suis parfaitement de l'avis de Sully : on ne saurait trop encourager l'agriculture et le paysan, qui est le meilleur patriote de tous les citoyens, et le véritable et le premier ami du sol et de la terre de France (1).

IX. — *Des impôts.*

142. Les impôts directs sur la propriété privée et mobilière doivent être maintenus comme ils le sont aujourd'hui, sauf

(1) J'ai déjà rendu pleine et entière justice au paysan et à l'agri-culture dans un mémoire sur l'industrie, dans ses rapports ethnogra-phiques avec les aptitudes. et l'organisation sociale des nations pré-senté à la commission impériale de l'exposition universelle de 1867 sur l'invitation du ministre et sous les auspices de la commission scienti-fique et internationale dont j'étais membre.

certaines modifications que des répartitions plus justes dans l'estimation et dans la valeur de certaines terres peuvent amener.

143. Les impôts indirects et extraordinaires peuvent être augmentés dans de sérieuses proportions sur le luxe, le superflu, le tabac, les maisons d'apparât et de produit, les vins fins et les liqueurs spiritueuses, les voitures ou équipages privés, etc., enfin sur les revenus approximatifs des grandes fortunes territoriales, des maisons de banque, de change et d'agiotage, ainsi que des fabriques industrielles ou des établissements de commerce de première et de deuxième classe.

144. Il serait essentiellement arbitraire d'étendre et d'appliquer l'impôt sur le revenu aux fortunes territoriales ordinaires et aux maisons industrielles ou commerciales d'ordre complétement inférieur. L'aisance n'est pas insolite dans une société, c'est à l'opulence seule à payer les frais extraordinaires de sa magnificence et de son ostentation.

145. Les théâtres, les cafés-concerts, et généralement tous les établissements de plaisir ou de distraction, devraient rendre à l'État la moitié ou au moins le tiers de leurs revenus approximatifs.

146. Aucun théâtre enfin, sauf le Théâtre-Français, ne devrait recevoir aucune subvention du gouvernement. Il devrait en être de même des régates, des courses de chevaux et de toutes les choses frivoles du même genre et de la même nature.

J'arrêterai ici cet exposé sommaire et succinct du plan constitutif que j'ai cru devoir tracer dans le sens purement républicain ou constitutionnel. Voilà bien des réformes, n'est-ce pas; et elles n'y sont pas toutes comprises.

Les accomplira-t-on? c'est ce que j'ignore et ce dont je doute profondément.

Dans l'histoire de toutes les nations il arrive une heure suprême où toutes les meilleures institutions se relâchent, où toutes les bonnes lois se distendent, où les ressorts sociaux mal dirigés cessent de jouer et de fonctionner, où tout n'est enfin qu'indiscipline, chaos, désordre et anarchie.

La France en est arrivée à cette heure suprême et solennelle. Toutes ses meilleures institutions ont faibli ou ont dévié; toutes ses lois les plus justes ont été tronquées où éludées, tous les esprits se sont plus ou moins ramollis au contact des

idées les plus folles et des mœurs les plus relâchées; il est
venu un moment fatal où la France s'est trouvée tout à coup,
comme je l'ai déjà dit, sans boussole et sans direction, sans
tête et sans bras, sans hommes d'État et d'épée, sans bou-
cliers, sans armée et sans défenseurs sérieux.

Elle a été vaincue, non par l'ennemi, mais par la fatalité,
et par elle-même.

Il faut des lois rigides, sévères et énergiques pour la
sauver et pour la relever; il faut réformer tout ce qui est, et
reconstruire tout ce qui a été.

Le fera-t-elle, et saura-t-elle le faire?... C'est à ses délégués et à ses représentants qu'incombe cette mission; je
dirai mieux, ce devoir. Pour moi, simple citoyen, je crois
avoir fait le mien de mon mieux; j'ai démontré le mal et le
danger; j'ai signalé les remèdes; je n'ai plus maintenant
qu'à attendre, qu'à espérer et qu'à me résigner.

Français avant tout, j'ai dû faire le sacrifice de mes sympathies privées, et me mettre à la portée des idées les plus
libérales, les plus avancées et les plus républicaines qu'un
honnête homme puisse concevoir et accepter sans mentir à sa
conscience et à ses inspirations; que la république et la monarchie constitutionnelle essaient donc de nous guérir et de
nous sauver; si elles réussissent, je les applaudirai et je les
bénirai de grand cœur; mais si elles ne réussissent point,
qu'elles abandonnent leur œuvre inachevée à la vraie monarchie, qui seule peut-être, malgré ses défauts, pourra et
saura réussir.

Les deux extrêmes se touchent, comme on le sait. La
république, qui est un extrême et qui a les vices et les
qualités des extrêmes, touche de près à la monarchie pure,
qui est l'autre extrême opposé. Entre les deux, il n'existe
qu'un juste milieu toujours de transition, qui n'a aucune
raison valable d'*être*, ou de vouloir *exister*.

23 août 1871.

Paris. — Imprimerie Adrien LE CLERE, rue Cassette, 29.

9 782019 673291